SUFFRAGE UNIVERSEL.

PROJET DE LOI ÉLECTORALE,

PAR UN ANCIEN DÉPUTÉ.

PARIS.

IMPRIMERIE ÉDOUARD PROUX ET Cⁱᵉ,

RUE NEUVE-DES-BONS-ENFANS, 3.

1848

SUFFRAGE UNIVERSEL.

PROJET DE LOI ÉLECTORALE.

I.

SUFFRAGE UNIVERSEL, INCONVÉNIENS DES SYSTÈMES DÉJA CONNUS.

Entre toutes les combinaisons électorales adoptées depuis un demi-siècle, il n'y en a qu'une qui soit la véritable expression de la souveraineté du peuple, c'est le suffrage direct et universel. C'est le seul qui puisse servir de base à l'élection d'une assemblée nationale, et réaliser les principes de liberté et d'égalité qui sont aujourd'hui le symbole de la société française.

Mais après avoir posé ce premier fondement d'une loi électorale, nous n'admettons pas les moyens d'application que le gouvernement provisoire, pressé par les évènemens, a dû adopter.

Nous reconnaissons avec bonheur que le bon sens des populations, dans les campagnes surtout, s'est manifesté au delà de ce qu'on pouvait prévoir ; mais il

n'en est pas moins vrai que tous les électeurs n'ont pas
écrit leurs bulletins en parfaite connaissance de cause,
et qu'ils ont ignoré souvent jusqu'aux noms des can-
didats qui leur étaient offerts. Toutefois, ce n'est pas
aux électeurs qu'il faut en faire un reproche, c'est à
la loi, car c'est elle qui n'a pas satisfait à la condition
essentielle et indispensable de toute loi électorale; c'est
elle qui n'a pas mis les électeurs dans le cas de connaître, de juger et d'apprécier le mérite des représentans qu'ils avaient à choisir.

Est-ce à dire qu'il faut restreindre la liberté des
choix en rétablissant quelques unes des conditions que
les législations précédentes avaient mises au droit d'é-
lire et d'être élu? Non, car les conditions que la république des Etats-Unis a proclamées en 89, et celles que
la république française avait adoptées en 1792 et 1793,
ne réalisaient pas la liberté et l'égalité qu'elles avaient
promises. Dans les unes il fallait payer un impôt, dans
les autres le suffrage était indirect et à plusieurs de-
grés; de là des exclusions et des inégalités en contra-
diction formelle avec le droit commun. Le privilége
inhérent à une faculté pécuniaire, quelque faible
qu'elle soit, est un privilége, et il est d'autant moins
justifiable que la faculté pécuniaire est moins impor-
tante; car, dans ce cas, elle ne donne pas même l'in-
dépendance de fortune.

L'élection indirecte, de son côté, donne aux influen-
ces locales une trop grande prépondérance et mono-
polise, à leur profit, l'exercice du droit de souveraineté.

Les principes de liberté et d'égalité repoussent donc
les conditions connues jusqu'à ce jour, même les plus
larges.

II.

SYSTÈME NOUVEAU. — DROITS DU TRAVAIL.

Nous croyons qu'il existe une condition conciliable avec toutes les exigences du droit commun, une condition nécessaire à la bonne application du suffrage universel et à la suppression des abus qui s'y sont introduits ; une condition que nous avons trouvée écrite dans les lois éternelles de la nature, de la religion et de la morale, dans l'Évangile comme dans les nécessités de la nature humaine ; cette condition, nous la proclamons sans hésiter, nous l'offrons avec confiance aux partisans et aux adversaires du suffrage universel ; cette condition, *c'est le travail !*

Pour exercer un droit dans une société, il faut y remplir un devoir ; un devoir sans un droit est un véritable servage, un droit sans un devoir est un privilége. Si le droit de tous est de voter, le devoir de tous est de travailler. Le citoyen qui concourt par son travail à l'existence, au développement et à la perfection d'une société, doit avoir le droit de participer à son gouvernement. Le citoyen qui volontairement s'abstient de tout travail, est un membre passif de la société, il ne peut y exercer aucun droit politique.

En prononçant le mot de travail, on ne supposera pas sans doute que nous l'ayons entendu dans le sens étroit et matérialiste que lui ont donné quelques utopistes modernes. Nous n'admettons pas comme eux que la pioche et l'enclume aient seules le privilége d'être les instrumens du travail. Nous ne voyons pas non plus l'idéal de l'activité dans le travail forcé organisé par l'État, imitation vainement dissimulée du communisme, qui mesure les droits de l'homme à la capacité de son estomac, comme s'il s'agissait d'animaux à l'engrais. Le travail ainsi organisé n'a jamais été la base d'une société civilisée, on n'en trouve aujourd'hui un exemple que dans la servitude imposée au fellah d'Egypte par Mehemet-Ali.

Nous réclamons donc les droits du travail en faveur de l'intelligence ; déshériter ceux qui la cultivent, c'est frapper le travail social dans son élément le plus noble et le plus fécond. Nous réclamons aussi en faveur de la propriété, parce qu'on ne peut l'acquérir et la conserver que par le travail ; mais nous parlons de la propriété qui est au soleil, qui paie sa part des charges de l'Etat, et nous excluons celle de l'usurier, du spéculateur obscur qui vit des malheurs d'autrui.

En un mot, nous comprenons le travail dans son acception la plus large et la plus libre ; nous voulons récompenser l'activité de l'homme sous toutes les formes, mais nous voulons que l'activité soit spontanée ; celui qui rendra à la société un service quelconque par son travail, sera électeur ; celui qui se condamnera volontairement à l'oisiveté, ou qui ne fera pas constater son état de citoyen actif, quelle que soit sa condition ou son intelligence, abdiquera son droit de suffrage.

Telle est la condition que nous mettons à l'exercice des droits politiques. Nous croyons qu'elle doit être acceptée par les hommes religieux, par les moralistes et les socialistes les plus avancés, s'ils veulent faire une guerre sérieuse au vice, à l'égoïsme, au crime, fils naturels de l'oisiveté, et encourager les hommes à la vertu, à la fraternité, compagnes inséparables du travail.

Les constitutions de 1791 et 1793 n'avaient pas donné à la liberté une base aussi sociale ; elles avaient créé le mot de citoyens *actifs* ; mais elles s'étaient contenté de donner cette qualification aux électeurs ; nous voulons aujourd'hui que l'activité des électeurs soit réelle, c'est pourquoi nous proposons de consacrer par une loi positive et solennelle les droits du travail.

Mais à quels signes reconnaîtra-t-on les travailleurs de l'intelligence et de la matière, pour les appeler au scrutin électoral ? quelles preuves faudra-t-il fournir ? Ces questions doivent, au premier aspect, inspirer quelque doute sur l'application libérale, fraternelle et sincère du principe que nous avons posé. Cependant, que l'on veuille bien remonter avec nous aux grandes sources du travail social, qu'on se place sur un sommet élevé pour suivre le cours de ce grand fleuve, et on arrivera sans effort à la solution du problème.

III.

ÉTATS GÉNÉRAUX DU TRAVAIL.

Le travail d'un grand peuple est varié comme ses besoins ; il se divise en une multitude de rameaux que le génie de l'homme a créés pour s'emparer de toutes les ressources de la nature et les façonner à ses besoins multipliés. Mais tous ces rameaux de l'activité humaine, obéissant à la loi des affinités, se rapprochent et se réunissent pour former trois branches principales, celle de l'agriculture, celle du commerce et de l'industrie, et celle des arts, des sciences et des lettres. Voilà les trois grandes artères des nations civilisées, c'est par là que le sang circule dans leurs veines et que l'activité se répand dans le corps social. Dans ces trois artères, que nous appellerons, pour nous servir d'une formule politique, les trois ordres du travail, tous les intérêts sont communs, toutes les œuvres sont sœurs. Les citoyens qui en font partie ont la possibilité de se connaître, de s'apprécier à leur juste valeur, et par conséquent de choisir parmi eux les plus capables de représenter leurs droits et leurs intérêts. L'ordre des avocats nous donne à cet égard, tous les jours, une leçon qui ne doit pas être perdue : les choix électoraux tombent toujours sur ceux qui méritent le plus cette distinction. C'est ce qui arrivera si chacun des trois grands ordres du travail national élit ses représentans ; il choisira les plus dignes, avec moins de facilité sans doute que dans l'ordre des avocats, puisque le cercle électoral sera plus large, mais avec plus de certitude mille fois que dans la confusion de tous les ordres du travail.

Lorsque la Nation française s'est constituée, il y a plusieurs siècles, elle s'est divisée en trois ordres qui, alors, répondaient aux nécessités sociales, et représentaient les fonctions actives de la société. La noblesse, c'était le service militaire ; le clergé, c'était la science et les lettres, le tiers-état c'était l'industrie et le commerce. Lorsque le service militaire, la science et l'industrie ont cessé d'être le partage héréditaire d'une classe de citoyens, il a été juste de supprimer les trois ordres héréditaires.

Mais à une organisation devenue inapplicable il fallait en substituer une conforme aux besoins de la société nouvelle ; il ne fallait pas seulement détruire, il fallait réédifier en prenant pour base les élémens vitaux de l'avenir, en établissant, comme nous le proposons ici, les états-généraux du travail.

On a été préoccupé, nous le reconnaissons, d'une idée juste, on a voulu abolir tout ce qui pouvait faire obstacle à l'égalité et à l'unité. Mais on a dépassé le but et on est arrivé aux dernières limites d'un individualisme aveugle et d'un parcellement anti-social, dont le terme forcé est le parcellement du sol ou la loi agraire.

Pour établir l'unité et l'égalité, il n'était pas besoin de convoquer tous les citoyens à voter sans se connaître; car c'était seulement établir la confusion. On blâmerait avec raison un ministre de la guerre qui, pour mettre l'unité dans une armée composée d'infanterie, de cavalerie, d'artillerie, de génie et d'administrateurs, ferait élire tous les officiers par l'universalité des membres de l'armée. Les corps les mieux disciplinés seraient bientôt désorganisés par ce faux calcul d'unité. C'est ainsi pourtant que depuis un demi-siècle on désorganise la société sous prétexte de l'organiser. Nos assemblées représentatives ont toujours été encombrées par des spécialités qui étaient loin de comprendre et de représenter les intérêts généraux de la société; ce sont des avocats qui ont résolu le plus souvent, dans des vues étroites et mesquines, toutes les questions d'industrie, de commerce, d'art militaire et d'agriculture. C'est pour cela, sans doute, que les assemblées qui ont existé jusqu'à ce jour n'ont résolu aucune de ces questions, et ont laissé la société nouvelle et les intérêts nouveaux dans l'anarchie la plus complète.

Il est temps de fonder les droits politiques sur leurs véritables bases; il est temps de mettre l'ordre dans les élections en respectant tous les droits, et d'accorder aux grands intérêts nationaux une part équitable et proportionnelle dans l'administration et le gouvernement du pays. C'est ce que l'on obtiendra en créant une condition électorale qui donne des droits égaux à tous les citoyens actifs, qui assure la liberté et l'intelligence des choix en associant les votes des travailleurs unis plus étroitement par la solidarité des intérêts et la communauté des travaux; enfin, en accordant aux trois grands ordres du travail un chiffre de représentans proportionnel à leur nombre.

IV.

DOMICILE, CAISSE DE RÉSERVE ET DE VÉTÉRANCE.

Il y a une condition secondaire que toutes les lois électorales ont adoptée, c'est celle du domicile. Nous voulons respecter la liberté de chacun de s'établir où bon lui semble, sans en rendre compte à personne; mais pour sauvegarder le droit de l'État, en même temps que celui du citoyen, nous dirons à propos du domicile ce que nous avons dit à propos du travail; celui qui ne fait pas constater son domicile perd son droit de suffrage.

On pourra nous objecter que ces conditions ne sont pas équitables dans la situation actuelle où l'ouvrier est obligé de se déplacer souvent pour trouver du travail. Mais nous allons au devant de cette objection en déclarant que le jour où le domicile et le travail sont la condition de l'exercice des droits politiques, nous entendons que le travailleur sérieux soit assuré de trouver du travail dans sa commune. Et, pour atteindre ce double but, nous proposons, comme complément de notre loi électorale, une disposition financière qui autorise les communes à fonder, soit par voie d'emprunts, soit par dons volontaires, des caisses de réserve et de vétérance pour les travailleurs.

La fraternité exige que l'homme vienne au secours de son semblable; l'État doit donner l'exemple et suppléer à l'insuffisance des ressources particulières.

Toutefois l'État ne peut emprunter lui-même qu'aux ressources particulières; s'il les épuisait, il ruinerait ceux qui possèdent sans enrichir ceux qui ne possèdent pas. Il ne doit donc venir au secours des travailleurs que dans une juste mesure, et non selon le bon plaisir ou le goût de chacun. Le citoyen qui n'a pas l'aptitude, l'instruction, l'activité nécessaire pour réussir dans la carrière qu'il a embrassée, ne peut avoir la prétention que l'État lui assure du travail dans cette carrière. Si un publiciste ne trouve pas dans la presse la rémunération de ses travaux, l'État ne peut être obligé de créer un journal pour lui donner du travail. D'un autre côté l'État ne peut pas non plus assurer des salaires élevés sur les caisses cantonnales, car l'espoir de trouver toujours cette assistance serait un encouragement à la paresse et aux fausses vocations. Si chacun peut user de la liberté de choisir une carrière, il est juste que chacun subisse les inconvéniens de cette liberté. Ce que nous devons à nos frères, c'est du pain et du travail; mais le sentiment de la fraternité ne peut imposer à la société le devoir de faire une liste civile à toutes les illusions et à tous les mécomptes.

Nous terminerons cet exposé en faisant observer que les dispositions que nous proposons donnent une solution des problèmes sociaux et politiques qui préoccupent aujourd'hui tous les esprits. Nous proclamons le droit politique du travailleur, et nous consacrons en même temps ce qu'on appelle improprement le droit au travail, et ce qu'on devrait définir la dette de la société envers le travailleur sérieux.

Nous ferons remarquer aussi que nous n'avons pas été obligé de préjuger la forme de gouvernement pour établir notre loi, elle se borne à consacrer un grand principe social en fondant les états-généraux du travail. Le législateur ne saurait être trop large lorsqu'il s'agit de créer la représentation nationale ; il doit se rappeler que c'est la pierre fondamentale que l'on pose, et ne pas la tailler d'avance à telle ou telle forme de gouvernement, il faut qu'elle puisse les recevoir toutes par la simplicité et l'ampleur de ses proportions.

Posons maintenant quelques règles générales sur l'application de ces principes.

PROJET DE LOI.

—

Chapitre Ier.

FORMATION DES COLLÉGES ÉLECTORAUX.

ARTICLE 1er. Dans chaque département, les citoyens actifs qui y sont domiciliés depuis un an, se subdivisent en trois colléges : celui de l'agriculture, celui du commerce et de l'industrie, celui des arts, des sciences et des lettres.

ART. 2. Le premier collége, c'est à dire celui de l'agriculture, se compose de tous les laboureurs, terras-

siers, fermiers, cultivateurs, et de tous les propriétaires ruraux.

Art. 3. Le deuxième collége, celui de l'industrie et
du commerce, se compose de tous les artisans, chefs
d'industrie, commerçans, banquiers, en général de
tous les citoyens exerçant des fonctions actives dans
des établissemens quelconques d'industrie ou de commerce, de tous les propriétaires de ces établissemens,
et de tous les propriétaires d'immeubles renfermés
dans les circonscriptions urbaines.

Art. 4. Le troisième collége, celui des sciences, des
arts et des lettres, se composera des magistrats, des
officiers, sous-officiers, soldats, des employés de toutes
les administrations publiques, des avocats, des institu-
teurs, des officiers ministériels et de leurs clercs, des
hommes de lettres et des artistes.

FORMATION DES LISTES ÉLECTORALES.

Art. 5. Seront inscrits dans le premier collége,
tous les propriétaires ruraux et tous les citoyens qui
pourront constater, dans les formes du règlement ci-
annexé, qu'ils se sont livrés sans interruption volon-
taire, à un travail quelconque d'agriculture ou de ter-
rassement.

Art. 6. Seront inscrits, dans le deuxième collége,
tous les propriétaires urbains et tous les citoyens pouvant constater qu'ils ont exercé, sans interruption vo-
lontaire, une profession commerciale ou industrielle
quelconque, depuis un an au moins.

Art. 7. Seront inscrits, dans le troisième collége,
tous les citoyens pouvant constater qu'ils font partie
de la magistrature, de l'armée, des offices ministériels

ou de l'administration publique depuis un an au moins.

Art. 8. Sont considérés comme citoyens actifs, sans être appelés à fournir d'autres preuves, 1° ceux qui auront obtenu un diplôme de docteur ou licencié ès-lois, ès-sciences ou ès-lettres ; 2° ceux qui auront obtenu une mention honorable aux expositions nationales de peinture, sculpture et gravure ; 3° pendant deux ans, à dater du jour de leur majorité, les bacheliers ès-lettres et ès-sciences, et les élèves des écoles spéciales ; 4° les officiers et membres d'administration en retraite, tous les officiers ministériels honoraires, ayant exercé leurs fonctions pendant dix années ; 5° enfin, tous les infirmes dont l'incapacité physique pour le travail sera constatée, et tous les citoyens qui prouveront avoir été occupés à des fonctions actives quelconques pendant dix ans ; chacun d'eux sera inscrit dans le collége d'où relèvent ses anciennes fonctions.

Art. 9. Le recensement électoral a lieu tous les ans, par les soins d'un bureau de censeurs nommés par le conseil municipal dans chaque commune ou canton.

Art. 10. Chaque collége nomme un représentant par vingt mille électeurs inscrits. Aucun collége ne peut nommer moins d'un représentant par département, quel que soit le nombre des électeurs appartenant à ce collége.

Art. 11. Nul ne pourra être élu par un ordre du travail, s'il n'appartient pas à cet ordre, s'il n'est âgé de 25 ans, et s'il ne jouit pas des droits de citoyen.

Art. 12. Un mois avant le jour des élections, l'autorité départementale publiera le nombre des électeurs inscrits et fera connaître le nombre de représentans afférant à chaque collége.

Art. 13. Les électeurs voteront dans les cantons par scrutin de liste. Le dépouillement se fera, dans chaque canton, par le conseil municipal, sous la présidence et sous-présidence du maire et du juge de paix ; le procès-verbal de chaque dépouillement sera envoyé au chef-lieu où les représentans qui auront obtenu la majorité relative des suffrages seront proclamés. Nul ne pourra être proclamé s'il n'a réuni au moins deux mille suffrages.

PROJET DE RÈGLEMENT SUR LE DOMICILE.

Art. 1er. Le domicile des citoyens, sera constaté par un premier recensement à la suite duquel une carte sera remise à chaque citoyen, indiquant son domicile, son âge et sa profession.

Art. 2. Chaque propriétaire ou logeur sera tenu de donner aux censeurs, sur une feuille signée, l'état des citoyens domiciliés chez lui.

Art. 3. Toute fausse déclaration sera punie de la privation du droit électoral pendant trois ans.

Art. 4. Le citoyen qui changera de domicile, devra présenter sa carte au censeur de son nouveau domicile pour être inscrit sur les listes de recensement. La durée du domicile ne comptera qu'à dater du jour de l'inscription.

Art. 5. La formalité d'inscription ne sera obligatoire pour personne, mais le citoyen qui ne l'aura pas remplie ne sera pas électeur.

PROJET DE RÈGLEMENT POUR CONSTATER LE TRAVAIL

Art. 1. La qualité de travailleur sera constatée, tous les ans dans le courant de janvier, devant une commission tirée des conseils municipaux.

Art. 2. Chaque citoyen qui voudra être inscrit sur les listes électorales, devra se présenter avec deux citoyens domiciliés dans la commune et certifiant qu'il a exercé une profession quelconque pendant l'année précédente sans interruption.

Les noms des témoins seront inscrits sur la liste à côté de celui des électeurs.

Art. 3. Toute fausse déclaration sera punie de la privation du droit électoral pendant trois ans.

Art. 4. Nul ne sera obligé de faire constater son travail ; mais celui qui s'abstiendra de remplir cette formalité, ne sera pas électeur.

PROJET DE RÈGLEMENT POUR LES CAISSES DE RÉSERVE ET DE VÉTÉRANCE.

Art. 1er. Des caisses de réserve et de vétérance seront établies dans chaque commune ou canton, afin d'assurer à tous les habitans qui y seront domiciliés, du travail et un salaire.

Art. 2. Ce salaire devra être, dans chaque localité, inférieur d'un quart au prix moyen des journées de travail.

Art. 3. Les cantons riches devront venir au secours des cantons pauvres, d'après une base établie par les autorités censitaires départementales.

Art. 4. Les fonds seront employés de préférence à l'amélioration des terres incultes, de telle sorte que les travailleurs de diverses communes puissent être réunis sur les points où ces améliorations seront plus faciles et plus profitables.

UN ANCIEN DÉPUTÉ.

FIN.

Paris. — Imprimerie Ed. Proux et Cie, rue Neuve-des-Bons-Enfans, 3.